P9-DVH-479

undergraduate

LELAND STANFORD JUNIOR UNIVERSITY

ORGANIZED 1891

book fund

contributed by

friends of Stanford

STANFORD UNIVERSITY LIBRARIES

WITHDRAWN

BOWMAN LIBRARY
MENLO COLLEGE

3/8/00

NOBEL

LECTURE

Alexander

Solzhenitsyn

NOBEL

LECTURE

FARRAR, STRAUS AND GIROUX

NEW YORK

Copyright © 1972 by The Nobel Foundation

English translation copyright © 1972 by
Farrar, Straus and Giroux, Inc.

Published by permission of
THE NOBEL FOUNDATION

All rights reserved

First printing, 1972

Library of Congress catalog card number: 72-94819

Printed in the United States of America

Published simultaneously in Canada by
Doubleday Canada Ltd., Toronto

Designed by Guy Fleming

N O B E L

L E C T U R E

Translated from the Russian

by F. D. Reeve

As the savage, who in bewilder-ment has picked up a strange sea-leaving, a thing hidden in the sand, or an incomprehensible some-thing fallen out of the sky—something intricately curved, sometimes shimmering dully, sometimes shining in a bright ray of light—turns it this way and that, turns it looking for a way to use it, for some ordinary use to which he can put it, without suspecting an extraordinary one . . .

So we, holding Art in our hands, self-confi-dently consider ourselves its owners, brashly give it aim, renovate it, re-form it, make manifestoes of it, sell it for cash, play up to the powerful with it, and turn it around at times for entertainment, even in vaudeville songs and in nightclubs, and at times—using stopper or stick, whichever comes first—for transitory political or limited social needs. But Art is not profaned by our attempts, does not because of them lose touch with its source. Each time and by each use it yields us a part of its mys-terious inner light.

But will we comprehend *all* that light? Who will dare say that he has DEFINED art? That he has tabulated all its facets? Perhaps someone in ages past did understand and named them for us, but we could not hold still; we listened; we were scornful; we discarded them at once, always in a hurry to replace even the best with anything new! And when the old truth is told us again, we do not remember that we once possessed it.

One kind of artist imagines himself the creator of an independent spiritual world and shoulders the act of creating that world and the people in it, assuming total responsibility for it—but he collapses, for no mortal genius is able to hold up under such a load. Just as man, who once declared himself the center of existence, has not been able to create a stable spiritual system. When failure overwhelms him, he blames it on the age-old discord of the world, on the complexity of the fragmented and torn modern soul, or on the public's lack of understanding.

Another artist acknowledges a higher power above him and joyfully works as a common apprentice under God's heaven, although his responsibility for all that he writes down or depicts, and for those who understand him, is all the greater. On the other hand, he did not create the world, it is not

4]

given direction by him, it is a world about whose foundations he has no doubt. The task of the artist is to sense more keenly than others the harmony of the world, the beauty and the outrage of what man has done to it, and poignantly to let people know. In failure as well as in the lower depths—in poverty, in prison, in illness—the consciousness of a stable harmony will never leave him.

All the irrationality of art, however, its blinding sudden turns, its unpredictable discoveries, its profound impact on people, are too magical to be exhausted by the artist's view of the world, by his overall design, or by the work of his unworthy hands.

Archaeologists have uncovered no early stages of human existence so primitive that they were without art. Even before the dawn of civilization we had received this gift from Hands we were not quick enough to discern. And we were not quick enough to ask: WHAT is this gift FOR? What are we to do with it?

All who predict that art is disintegrating, that it has outgrown its forms, and that it is dying are wrong and will be wrong. We will die, but art will remain. Will we, before we go under, ever understand all its facets and all its ends?

Not everything has a name. Some things lead

us into a realm beyond words. Art warms even an icy and depressed heart, opening it to lofty spiritual experience. By means of art we are sometimes sent —dimly, briefly—revelations unattainable by reason.

Like that little mirror in the fairy tales—look into it, and you will see not yourself but, for a moment, that which passeth understanding, a realm to which no man can ride or fly. And for which the soul begins to ache . . .

2

DOSTOEVSKY ONCE ENIGMATICALLY let drop the phrase: "Beauty will save the world." What does this mean? For a long time I thought it merely a phrase. Was such a thing possible? When in our bloodthirsty history did beauty ever save anyone from anything? Ennobled, elevated, yes; but whom has it saved?

There is, however, something special in the essence of beauty, a special quality in art: the conviction carried by a genuine work of art is absolute and subdues even a resistant heart. A political speech, hasty newspaper comment, a social program, a philosophical system can, as far as appearances are concerned, be built smoothly and consistently on an error or a lie; and what is concealed and distorted will not be immediately clear. But then to counteract it comes a contradictory speech, commentary, program, or differently constructed philosophy—and again everything seems smooth and graceful, and again hangs together. That is why they inspire trust—and distrust.

There is no point asserting and reasserting what the heart cannot believe.

A work of art contains its verification in itself: artificial, strained concepts do not withstand the test of being turned into images; they fall to pieces, turn out to be sickly and pale, convince no one. Works which draw on truth and present it to us in live and concentrated form grip us, compellingly involve us, and no one ever, not even ages hence, will comé forth to refute them.

Perhaps then the old trinity of Truth, Goodness, and Beauty is not simply the dressed-up, worn-out formula we thought it in our presumptuous, materialistic youth? If the crowns of these three trees meet, as scholars have asserted, and if the too obvious, too straight sprouts of Truth and Goodness have been knocked down, cut off, not let grow, perhaps the whimsical, unpredictable, unexpected branches of Beauty will work their way through, rise up TO THAT VERY PLACE, and thus complete the work of all three?

Then what Dostoevsky wrote—"Beauty will save the world"—is not a slip of the tongue but a prophecy. After all, *he* had the gift of seeing much, a man wondrously filled with light.

And in that case could not art and literature, in fact, help the modern world?

What little I have managed to learn about this over the years I will try to set forth here today.

3

TO REACH THIS CHAIR FROM WHICH the Nobel Lecture is delivered—a chair by no means offered to every writer and offered only once in a lifetime—I have mounted not three or four temporary steps but hundreds or even thousands, fixed, steep, covered with ice, out of the dark and the cold where I was fated to survive, but others, perhaps more talented, stronger than I, perished. I myself met but few of them in the Gulag Archipelago,* a multitude of scattered island fragments. Indeed, under the millstone of surveillance and mistrust, I did not talk to just any man; of some I only heard; and of others I only guessed. Those with a name in literature who vanished into that abyss are, at least, known; but how many were unrecognized, never once publicly mentioned? And so very few, almost no one ever managed to return. A whole national literature is there, buried without a coffin, without even underwear, naked, a number tagged on its toe. Not for a moment did Russian literature cease, yet from outside it seemed a wasteland. Where a harmonious forest could have grown, there were left, after all the cutting, two or three trees accidentally overlooked.

And today how am I, accompanied by the shades of the fallen, my head bowed to let pass forward to this platform others worthy long before

---

*Gulag is the state prison-camp administration.

me, today how am I to guess and to express what *they* would have wished to say?

This obligation has long lain on us, and we have understood it. In Vladimir Solovyov's words:

> *But even chained, we must ourselves complete*
> *That circle which the gods have preordained.*

In agonizing moments in camp, in columns of prisoners at night, in the freezing darkness through which the little chains of lanterns shone, there often rose in our throats something we wanted to shout out to the whole world, if only the world could have heard one of us. Then it seemed very clear what our lucky messenger would say and how immediately and positively the whole world would respond. Our field of vision was filled with physical objects and spiritual forces, and in that clearly focused world nothing seemed to outbalance them. Such ideas came not from books and were not borrowed for the sake of harmony or coherence; they were formulated in prison cells and around forest campfires, in conversations with persons now dead, were hardened by *that* life, developed *out of there*.

When the outside pressures were reduced, my outlook and our outlook widened, and gradually, although through a tiny crack, that "whole world" outside came in sight and was recognized. Startlingly for us, the "whole world" turned out to be not at all what we had hoped: it was a world leading "not up there" but exclaiming at the sight of a dismal swamp, "What an enchanting meadow!" or at a set of prisoner's concrete stocks, "What an exquisite necklace!"—a world in which, while flowing tears rolled down the cheeks of some, others danced to the carefree tunes of a musical.

How did this come about? Why did such an abyss open? Were we unfeeling, or was the world? Or was it because of a difference in language? Why are people not capable of grasping each other's every clear and distinct speech? Words die away and flow off like water—leaving no taste, no color, no smell. Not a trace.

Insofar as I understand it, the structure, import, and tone of speech possible for me—of my speech here today—have changed with the years.

It now scarcely resembles the speech which I first conceived on those freezing nights in prison camp.

4

FOR AGES, SUCH HAS BEEN MAN'S nature that his view of the world (when not induced by hypnosis), his motivation and scale of values, his actions and his intentions have been determined by his own personal and group experiences of life. As the Russian proverb puts it, "Don't trust your brother, trust your own bad eye." This is the soundest basis for understanding one's environment and one's behavior in it. During the long eras when our world was obscurely and bewilderingly fragmented, before a unified communications system had transformed it and it had turned into a single, convulsively beating lump, men were unerringly guided by practical experience in their own local area, then in their own community, in their own society, and finally in their own national territory. The possibility then existed for an individual to see with his own eyes and to accept a common scale of values—what was considered average, what improbable; what was cruel, what beyond all bounds of evil; what was honesty, what deceit. Even though widely scattered peoples lived differently and their scales of social values might be strikingly dissimilar, like their systems of weights and measures, these differences surprised none but the occasional tourist, were written up as heathen wonders, and in no way threatened the rest of not yet united mankind.

In recent decades, however, mankind has imperceptibly, suddenly, become one, united in a way which offers both hope and danger, for shock and infection in one part are almost instantaneously transmitted to others, which often have no immunity. Mankind has become one, but not in the way the community or even the nation used to be stably united, not through accumulated practical experience, not through its own, good-naturedly so-called bad *eye*, not even through its own well-understood, native tongue, but, leaping over all barriers, through the international press and radio. A wave of events washes over us and, in a moment, half the world hears the splash, but the standards for measuring these things and for evaluating them, according to the laws of those parts of the world about which we know nothing, are not and cannot be broadcast through the ether or reduced to newsprint. These standards have too long and too specifically been accepted by and incorporated in too special a way into the lives of various lands and societies to be communicated in thin air. In various parts of the world, men apply to events a scale of values achieved by their own long suffering, and they uncompromisingly, self-reliantly judge only by their own scale, and by no one else's.

If there are not a multitude of such scales in the world, nevertheless there are at least several: a scale for local events, a scale for things far away; for old societies, and for new; for the prosperous, and for the disadvantaged. The points and markings on the scale glaringly do not coincide; they confuse us, hurt our eyes, and so, to avoid pain, we brush aside all scales not our own, as if they were follies or delusions, and confidently judge the whole world according to our own domestic values. Therefore, what seems to us more important, more painful, and more unendurable is really not what is more important, more painful, and more unendurable but merely that which is closer to home. Everything distant which, for all its moans and muffled cries, its ruined lives and, even, millions of victims, does not threaten to come rolling up to our threshold today we consider, in general, endurable and of tolerable dimensions.

On one side, persecuted no less than under the

old Romans, hundreds of thousands of mute Christians give up their lives for their belief in God. On the other side of the world, a madman (and probably he is not the only one) roars across the ocean in order to FREE us from religion with a blow of steel at the Pontiff! Using his own personal scale, he has decided things for everyone.

What on one scale seems, from far off, to be enviable and prosperous freedom, on another, close up, is felt to be irritating coercion calling for the overturning of buses. What in one country seems a dream of improbable prosperity in another arouses indignation as savage exploitation calling for an immediate strike. Scales of values differ even for natural calamities: a flood with two hundred thousand victims matters less than a local traffic accident. Scales differ for personal insults: at times, merely a sardonic smile or a dismissive gesture is humiliating, whereas, at others, cruel beatings are regarded as a bad joke. Scales differ for punishments and for wrongdoing. On one scale, a month's arrest, or exile to the country, or "solitary confinement" on white bread and milk rocks the imagination and fills the newspaper columns with outrage. On another, both accepted and excused are prison terms of twenty-five years, solitary confinement in cells with ice-covered walls and prisoners stripped to their underclothing, insane asylums for healthy men, and border shootings of countless foolish people who, for some reason, keep trying to escape. The heart is especially at ease with regard to that exotic land about which nothing is known, from which no events ever reach us except the belated and trivial conjectures of a few correspondents.

For such ambivalence, for such thickheaded lack of understanding of someone else's far-off grief, however, mankind is not at fault: that is how man is made. But for mankind as a whole, squeezed into one lump, such mutual lack of understanding carries the threat of imminent and violent destruction. Given six, four, or even two scales of values, there cannot be one world, one single humanity: the difference in rhythms, in oscillations, will tear mankind asunder. We will not survive together on one Earth, just as a man with two hearts is not meant for this world.

5

WHO WILL COORDINATE THESE SCALES
of values, and how? Who will give mankind one
single system for reading its instruments, both for
wrongdoing and for doing good, for the intolerable
and the tolerable as they are distinguished from
each other today? Who will make clear for mankind what is really oppressive and unbearable and
what, for being so near, rubs us raw—and thus di-
rect our anger against what is in fact terrible and
not merely near at hand? Who is capable of extend-
ing such an understanding across the boundaries
of his own personal experience? Who has the skill
to make a narrow, obstinate human being aware of
others' far-off grief and joy, to make him understand dimensions and delusions he himself has
never lived through? Propaganda, coercion, and
scientific proofs are all powerless. But, happily, in
our world there is a way. It is art, and it is literature.

There is a miracle which they can work: they
can overcome man's unfortunate trait of learning
only through his own experience, unaffected by
that of others. From man to man, compensating for

his brief time on earth, art communicates whole the burden of another's long life experience with all its hardships, colors, and vitality, re-creating in the flesh what another has experienced, and allowing it to be acquired as one's own.

More important, much more important: countries and whole continents belatedly repeat each other's mistakes, sometimes after centuries when, it would seem, everything should be so clear! No: what some nations have gone through, thought through, and rejected, suddenly seems to be the latest word in other nations. Here too the only substitute for what we ourselves have not experienced is art and literature. They have the marvelous capacity of transmitting from one nation to another—despite differences in language, customs, and social structure—practical experience, the harsh national experience of many decades never tasted by the other nation. Sometimes this may save a whole nation from what is a dangerous or mistaken or plainly disastrous path, thus lessening the twists and turns of human history.

Today, from this Nobel lecture platform, I should like to emphasize this great, beneficent attribute of art.

Literature transmits condensed and irrefutable human experience in still another priceless way: from generation to generation. It thus becomes the living memory of a nation. What has faded into history it thus keeps warm and preserves in a form that defies distortion and falsehood. Thus literature, together with language, preserves and protects a nation's soul.

(It has become fashionable in recent times to talk of the leveling of nations, and of various peoples disappearing into the melting pot of contemporary civilization. I disagree with this, but that is another matter; all that should be said here is that the disappearance of whole nations would impoverish us no less than if all people were to become identical, with the same character and the same face. Nations are the wealth of humanity, its generalized personalities. The least among them has its own special colors, and harbors within itself a special aspect of God's design.)

But woe to the nation whose literature is cut off by the interposition of force. That is not simply a violation of "freedom of the press"; it is stopping up the nation's heart, carving out the nation's memory. The nation loses its memory; it loses its spiritual unity—and, despite their supposedly common language, fellow countrymen suddenly cease understanding each other. Speechless generations are born and die, having recounted nothing of themselves either to their own times or to their descendants. That such masters as Akhmatova and Zamyatin were buried behind four walls for their whole lives and condemned even to the grave to create in silence, without hearing one reverberation of what they wrote, is not only their own personal misfortune but a tragedy for the whole nation—and, too, a real threat to all nationalities.

In certain cases, it is a danger for all mankind as well: when HISTORY as a whole ceases to be understood because of that silence.

6

AT VARIOUS TIMES IN VARIOUS PLACES people have argued hotly, angrily, and elegantly about whether art and the artist should have a life of their own or whether they should always keep in mind their duty to society and serve it, even though in an unbiased way. For me there is no problem here, but I will not again go into this argument. One of the most brilliant speeches on this subject was Albert Camus's Nobel lecture, the conclusions of which I happily support. Indeed, for decades Russian literature has leaned in that direction—not spending too much time in self-admiration, not flitting about too frivolously—and I am not ashamed to continue in that tradition as best I can. From way back, ingrained in Russian literature has been the notion that a writer can do much among his own people—and that he must.

We will not trample on the artist's RIGHT to express exclusively personal experiences and observations, ignoring everything that happens in the rest of the world. We will not DEMAND anything of the artist, but we will be permitted to reproach him, to make requests, to appeal to him and to coax him. After all, he himself only partially develops his talent, the greater portion of which is breathed into him, ready-made, at birth and. along with it, responsibility for his free will. Even granting that the artist DOES NOT OWE anybody anything, it is painful to see how, retreating into a world of his own creation or into the vast spaces of subjective fancies, he CAN deliver the real world into the hands of self-seeking, insignificant, or even insane people.

Our twentieth century has turned out to be more cruel than those preceding it, and all that is terrible in it did not come to an end with the first half. The same old caveman feelings—greed, envy, violence, and mutual hate, which along the way assumed respectable pseudonyms like class struggle, racial struggle, mass struggle, labor-union struggle—are tearing our world to pieces. The caveman refusal to accept compromise has been turned into a theoretical principle and is considered to be a virtue of orthodoxy. It demands millions of victims in endless civil wars; it packs our hearts with the notion that there are no fixed universal human concepts called good and justice, that they are fluid, changing, and that therefore one must always do what will benefit one's party. Any and every professional group, as soon as it finds a convenient moment TO RIP OFF A PIECE, unearned or not, extra or not, immediately rips it off, let all of society come crashing down if it will. As seen from outside, the mass of waste in Western society is approaching the limit beyond which the system will become metastable and must collapse. Violence, less and less restricted by the framework of age-old

legality, brazenly and victoriously strides through-
out the world, unconcerned that its futility has
been demonstrated and exposed by history many
times. It is not simply naked force that triumphs
but its trumpeted justification: the whole world
overflows with the brazen conviction that force can
do everything and justice nothing. Dostoevsky's
DEMONS,* a provincial nightmare of the last century, one would have thought, are, before our very
eyes, crawling over the whole world into countries
where they were unimaginable, and by the hijack-
ing of planes, by seizing HOSTAGES, by the bomb
explosions, and by the fires of recent years signal
their determination to shake civilization apart and
to annihilate it! And they may very well succeed.
Young people, being at an age when they have no
experience except sexual, when they have as yet
no years of personal suffering and personal wisdom
behind them, enthusiastically repeat our discred-
ited Russian lessons of the nineteenth century and
think that they are discovering something new.
They take as a splendid example the Chinese Red
Guard's degradation of people into nonentities. A
superficial lack of understanding of the timeless essence of humanity, a naïve smugness on the part

---

*A reference to the novel known as *The Possessed* and *The
Devils*, but which in Russian is literally *The Demons*.

of their inexperienced hearts—We'll kick out *those* fierce, greedy oppressors, those governors, and the rest (we!), we'll then lay down our grenades and machine guns, and become just and compassionate. Oh, of course! Of those who have lived their lives and have come to understand, who could refute the young, many DO NOT DARE argue against them; on the contrary, they flatter them in order not to seem "conservative," again a Russian phenomenon of the nineteenth century, something which Dostoevsky called SLAVERY TO HALF-COCKED PROGRESSIVE IDEAS.

The spirit of Munich has by no means retreated into the past; it was not a brief episode. I even venture to say that the spirit of Munich is dominant in the twentieth century. The intimidated civilized world has found nothing to oppose the onslaught of a suddenly resurgent fang-baring barbarism, except concessions and smiles. The spirit of Munich is a disease of the will of prosperous people; it is the daily state of those who have given themselves over to a craving for prosperity in every way, to material well-being as the chief goal of life on earth. Such people—and there are many of them in the world today—choose passivity and retreat, anything if only the life to which they are accustomed might go on, anything so as not to have to cross over to rough terrain today, because tomorrow, see, everything will be all right. (But it never will! The reckoning for cowardice will only be more cruel. Courage and the power to overcome will be ours only when we dare to make sacrifices.)

We are also threatened by the catastrophe that the physically squeezed, constrained world is not allowed to become one spiritually; molecules of knowledge and compassion are not allowed to move across from one half of the world to the other. This is a grave danger: THE STOPPAGE OF INFORMATION between the parts of the planet. Contemporary science knows that such stoppage is the way of entropy, of universal destruction. Stoppage of information makes international signatures and treaties unreal: within the zone of STUNNED SILENCE any treaty can easily be reinterpreted at will or, more simply, covered up, as if it had never existed (Orwell understood this beautifully). Within the zone of stunned silence lives—seemingly not Earth's inhabitants at all—a Martian expeditionary force, knowing nothing whatever about the rest of the Earth and ready to trample it flat in the holy conviction that they are "liberating" it.

A quarter of a century ago, with the great hopes

of mankind, the United Nations was born. Alas, in the immoral world it, too, became immoral. It is not a United Nations but a United Governments, in which those freely elected and those imposed by force and those which seized power by arms are all on a par. Through the mercenary bias of the majority, the UN jealously worries about the freedom of some peoples and pays no attention to the freedom of others. By an officious vote it rejected the review of PRIVATE COMPLAINTS—the groans, shouts, and pleadings of individual, common PLAIN PEOPLE—insects too small for such a great organization. The UN never tried to make BINDING on governments, a CONDITION of their membership, the Declaration of Human Rights, the outstanding document of its twenty-five years—and thus the UN betrayed the common people to the will of governments they had not chosen.

One might think that the shape of the modern world is entirely in the hands of scientists, that they determine mankind's technological steps. One might think that what will happen to the world depends not on politicians but specifically on the international cooperation of scientists. Especially because the example of individuals shows how much could be accomplished by moving together.

But no; scientists have made no clear effort to become an important, independently active force of mankind. Whole congresses at a time, they back away from the suffering of others; it is more comfortable to stay within the bounds of science. That same spirit of Munich has spread its debilitating wings over them.

In this cruel, dynamic, explosive world on the edge of its ten destructions, what is the place and role of the writer? We send off no rockets, do not even push the lowliest handcart, are scorned by those who respect only material power. Would it not be natural for us, too, to retreat, to lose our faith in the steadfastness of good, in the indivisibility of truth, and merely to let the world have our bitter observations, as of a bystander, about how hopelessly corrupted mankind is, how petty men have become, and how difficult it is for lonely, sensitive, beautiful souls today?

We do not have even this way out. Once pledged to the WORD, there is no getting away from it: a writer is no sideline judge of his fellow countrymen and contemporaries; he is equally guilty of all the evil done in his country or by his people. If his country's tanks spill blood on the streets of some alien capital, the brown stains are splashed forever on the writer's face. If, some fatal night, his trusting friend is choked to death while sleeping, the bruises from the rope are on the writer's hands. If his young fellow citizens in their easygoing way declare the superiority of debauchery over frugal labor, abandon themselves to drugs or seize HOSTAGES, the stink of it mixes with the writer's breathing.

Will we have the impudence to announce that we are not responsible for the sores of the world today?

7

I AM, HOWEVER, ENCOURAGED BY A keen sense of WORLD LITERATURE as the one great heart that beats for the cares and misfortunes of our world, even though each corner sees and experiences them in a different way.

In past times, also, besides age-old national literatures there existed a concept of world literature as the link between the summits of national literatures and as the aggregate of reciprocal literary influences. But there was a time lag: readers and writers came to know foreign writers only belatedly, sometimes centuries later, so that mutual influences were delayed and the network of national literary high points was visible not to contemporaries but to later generations.

Today, between writers of one country and the readers and writers of another, there is an almost instantaneous reciprocity, as I myself know. My books, unpublished, alas, in my own country, despite hasty and often bad translations have quickly found a responsive world readership. Critical analysis of them has been undertaken by such leading Western writers as Heinrich Böll. During all these recent years, when both my work and my freedom did not collapse, when against the laws of gravity they held on seemingly in thin air, seemingly ON NOTHING, on the invisible, mute surface tension of sympathetic people, with warm gratitude I learned, to my complete surprise, of the support of the world's writing fraternity. On my fiftieth birthday I was astounded to receive greetings from well-known European writers. No pressure put on me now passed unnoticed. During the dangerous weeks when I was being expelled from the Writers'

Union, THE PROTECTIVE WALL put forward by prominent writers of the world saved me from worse persecution, and Norwegian writers and artists hospitably prepared shelter for me in the event that I was exiled from my country. Finally, my being nominated for a Nobel Prize was originated not in the land where I live and write but by François Mauriac and his colleagues. Afterward, national writers' organizations expressed unanimous support for me.

As I have understood it and experienced it myself, world literature is no longer an abstraction or a generalized concept invented by literary critics, but a common body and common spirit, a living, heartfelt unity reflecting the growing spiritual unity of mankind. State borders still turn crimson, heated red-hot by electric fences and machine-gun fire; some ministries of internal affairs still suppose that literature is "an internal affair" of the countries under their jurisdiction; and newspaper headlines still herald, "They have no right to interfere in our internal affairs!" Meanwhile, no such thing as INTERNAL AFFAIRS remains on our crowded Earth. Mankind's salvation lies exclusively in everyone's making everything his business, in the people of the East being anything but indifferent to what is thought in the West, and in the people of the West being anything but indifferent to what happens in the East. Literature, one of the most sensitive and responsive tools of human existence, has been the first to pick up, adopt, and assimilate this sense of the growing unity of mankind. I therefore confidently turn to the world literature of the present, to hundreds of friends whom I have not met face to face and perhaps never will see.

My friends! Let us try to be helpful, if we are worth anything. In our own countries, torn by differences among parties, movements, castes, and groups, who for ages past has been not the dividing but the uniting force? This, essentially, is the position of writers, spokesmen of a national language, of the chief tie binding the nation, the very soil which the people inhabit, and, in fortunate circumstances, the nation's spirit too.

I think that world literature has the power in these frightening times to help mankind see itself accurately despite what is advocated by partisans and by parties. It has the power to transmit the condensed experience of one region to another, so that different scales of values are combined, and so that one people accurately and concisely knows the true history of another with a power of recognition and acute awareness as if it had lived through that history itself—and could thus be spared repeating old mistakes. At the same time, perhaps we ourselves may succeed in developing our own WORLD-WIDE VIEW, like any man, with the center of the eye seeing what is nearby but the periphery of vision taking in what is happening in the rest of the world. We will make correlations and maintain world-wide standards.

Who, if not writers, are to condemn their own unsuccessful governments (in some states this is the easiest way to make a living; everyone who is not too lazy does it) as well as society itself, whether for its cowardly humiliation or for its self-satisfied weakness, or the lightheaded escapades of the young, or the youthful pirates brandishing knives?

We will be told: What can literature do against the pitiless onslaught of naked violence? Let us not forget that violence does not and cannot flourish by itself; it is inevitably intertwined with LYING. Between them there is the closest, the most profound and natural bond: nothing screens violence except lies, and the only way lies can hold out is by violence. Whoever has once announced violence as his METHOD must inexorably choose lying as his PRINCIPLE. At birth, violence behaves openly and even proudly. But as soon as it becomes stronger and firmly established, it senses the thinning of the air around it and cannot go on without befogging itself in lies, coating itself with lying's sugary oratory. It does not always or necessarily go straight for the gullet; usually it demands of its victims only allegiance to the lie, only complicity in the lie.

The simple act of an ordinary courageous man is not to take part, not to support lies! Let *that* come into the world and even reign over it, but not through me. Writers and artists can do more: they can VANQUISH LIES! In the struggle against lies, art has always won and always will. Conspicuously, incontestably for everyone. Lies can stand up against much in the world, but not against art.

Once lies have been dispelled, the repulsive nakedness of violence will be exposed—and hollow violence will collapse.

That, my friends, is why I think we can help the world in its red-hot hour: not by the nay-saying of having no armaments, not by abandoning oneself to the carefree life, but by going into battle!

In Russian, proverbs about TRUTH are favorites. They persistently express the considerable, bitter,

Александр

Солженицын

НОБЕЛЕВСКАЯ ЛЕКЦИЯ

Как тот дикарь, в недоумении подобравший странный выброс ли океана? захоронок песков? или с неба упавший непонятный предмет? — замысловатый в изгибах, отблескивающий то смутно, то ярким ударом луча, — вертит его так и сяк, вертит, ищет, как приспособить к делу, ищет ему доступной низшей службы, никак не догадываясь о высшей.

Так и мы, держа в руках Искусство, самоуверенно почитаем себя хозяевами его, смело его направляем, обновляем, реформируем, манифестируем, продаем за деньги, угождаем сильным, обращаем то для развлечения — до эстрадных песенок и ночного бара, то — затычкою или палкою, как схватишь, — для политических мимобежных нужд, для ограниченных социальных. А искусство — не оскверняется нашими попытками, не теряет на том своего происхождения, всякий раз и во всяком употреблении уделяя нам часть своего тайного внутреннего света.

Но охватим ли в е с ь тот свет? Кто осмелится сказать, что ОПРЕДЕЛИЛ Искусство? перечислил все стороны его? А может быть уже и понимал, и называл нам в прошлые века, но мы недолго могли на том застояться: мы послушали, и пренебрегли, и откинули тут же, как всегда спеша сменить хоть и самое лучшее — а только бы на новое! И когда нам снова скажут старое, мы уже и не вспомним, что это у нас было.

Один художник мнит себя творцом независимого духовного мира, и взваливает на свои плечи акт творения этого мира, населения его, объемлющей ответственности за него — но подламывается, ибо нагрузки такой не способен выдержать смертный гений; как и вообще человек, объявивший себя центром бытия, не сумел создать уравновешенной духовной системы. И если овладевает им неудача — валят ее на извечную дисгармоничность мира, на сложность современной разорванной души или непонятливость публики.

Другой — знает над собой силу высшую и радостно работает маленьким подмастерьем под небом Бога, хотя еще строже его ответственность за все написанное, нарисованное, за воспринимающие души. Зато: не им этот мир создан, не им управляется, нет сомненья в его основах, художнику дано лишь острее других ощутить гармонию мира, красоту и безобразие человеческого вклада в него — и остро передать это людям. И в неудачах и даже на дне существования — в нищете, в тюрьме, в болезнях, ощущение устойчивой гармонии не может покинуть его.

Однако вся иррациональность искусства, его ослепительные извивы, его непредсказуемые находки, его сотрясающее воздействие на людей — слишком волшебны, чтоб исчерпать их мировоззрением художника, замыслом его или работой его недостойных пальцев.

Археологи не обнаруживают таких ранних стадий человеческого существования, когда бы не было у нас искусства. Еще в предутренних сумерках человечества мы получили его из Рук, которых не успели разглядеть. И не успели спросить: з а ч е м нам этот дар? как обращаться с ним?

И ошибались, и ошибутся все предсказатели, что искусство разложится, изживет свои формы, умрет. Умрем — мы, а оно — останется. И еще поймем ли мы до нашей гибели все стороны и все назначенья его?

Не всё — называется. Иное влечет дальше слов. Искусство растепляет даже захоложенную, затененную душу к высокому духовному опыту. Посредством искусства иногда посылаются нам — смутно, коротко, такие откровения, каких не выработать рассудочному мышлению.

Как то маленькое зеркальце сказок: в него глянешь и увидишь — не себя — увидишь на миг Недоступное, куда не доскакать, не долететь. И только душа занывает...

2

Достоевский загадочно обронил однажды: «Мир спасёт красота». Что это? Мне долго казалось — просто фраза. Как бы это возможно? Когда́ в кровожадной истории, кого и от чего спасала красота? Облагораживала, возвышала — да, но кого спасла?

Однако есть такая особенность в сути красоты, особенность в положении искусства: убедительность истинно-художественного произведения совершенно неопровержима и подчиняет себе даже противящееся сердце. Политическую речь, напористую публицистику, программу социальной жизни, философскую систему можно по видимости построить гладко, стройно и на ошибке, и на лжи; и что́ скрыто, и что́ искажено — увидится не сразу. А выйдет на спор противонаправленная речь, публицистика, программа, иноструктурная философия — и всё опять так же стройно и гладко, и опять сошлось. Оттого доверие к ним есть — и доверия нет.

Попусту твердится, что к сердцу не ложится.

Произведение же художественное свою проверку несет само в себе: концепции придуманные, натянутые, не выдерживают испытания на образах: разваливаются и те и другие, оказываются хилы, бледны, никого не убеждают. Произведения же, зачерпнувшие истины и представившие нам ее сгущенно-живой, захватывают нас, приобщают к себе властно — и никто, никогда, даже через века, не явится их опровергать.

Так может быть это старое триединство Истины, Добра и Красоты — не просто парадная обветшалая формула, как казалось нам в пору нашей самонадеянной материалистической юности? Если вершины этих трех дерев сходятся, как утверждали исследователи, но слишком явные, слишком прямые поросли Истины и Добра задавлены, срублены, не пропускаются, — то может быть причудливые, непредсказуемые, неожидаемые поросли Красоты пробьются и взовьются В ТО ЖЕ САМОЕ МЕСТО, и так выполнят работу за всех трех?

И тогда не обмолвкою, но пророчеством написано у Достоевского: «Мир спасёт красота»? Ведь ЕМУ дано было многое видеть, озаряло его удивительно.

И тогда искусство, литература могут на деле помочь сегодняшнему миру?

То немногое, что удалось мне с годами в этой задаче разглядеть, я и попытаюсь изложить сегодня здесь.

3

На эту кафедру, с которой прочитывается Нобелевская лекция, кафедру, предоставляемую далеко не всякому писателю и только раз в жизни, я поднялся не по трём-четырём примощенным ступенькам, но по сотням или даже тысячам их — неуступным, обрывистым, обмёрзлым, из тьмы и холода, где было мне суждено уцелеть, а другие — может быть с бо́льшим даром, сильнее меня — погибли. Из них лишь некоторых встречал я сам на Архипелаге ГУЛаге, рассыпанном на дробное множество островов, да под жерновом слежки и недоверия не со всяким разговорился, об иных только слышал, о третьих только догадывался. Те, кто канул в ту пропасть уже с литературным именем, хотя бы известны — но сколько не узнанных, ни разу публично не названных! и почти-почти никому не удалось вернуться. Целая национальная литература осталась там, погребённая не только без гроба, но даже без нижнего белья, голая, с биркой на пальце ноги. Ни на миг не прерывалась русская литература! — а со стороны казалась пустынею. Где мог бы расти дружный лес, осталось после всех лесоповалов два-три случайно обойденных дерева.

И мне сегодня, сопровожденному тенями павших, и со склонённой головой пропуская вперед себя на это место других, достойных ранее, мне сегодня — как угадать и выразить, чтó хотели бы сказать о н и?

Эта обязанность давно тяготела на нас, и мы ее понимали. Словами Владимира Соловьёва:

Но и в цепях должны свершить мы сами
Тот круг, что боги очертили нам.

В томительных лагерных перебродах, в колонне заключенных, во мгле вечерних морозов с просвечивающими цепочками фонарей — не раз подступало нам в горло, чтó хотелось бы выкрикнуть на целый мир, если бы мир мог услышать кого-нибудь из нас. Тогда казалось это очень ясно: чтó скажет наш удачливый посланец — и как сразу отзывно откликнется мир. Отчетливо был наполнен наш кругозор и телесными предметами и душевными движеньями, и в недвоящемся мире им не виделось перевеса. Те мысли пришли не из книг и не заимствованы для складности: в тюремных камерах и у лесных костров они сложились в разговорах с людьми, теперь умершими, т о ю жизнью проверены, о т т у д а выросли.

Когда ж послабилось внешнее давление — расширился мой и наш кругозор, и постепенно, хотя бы в щелочку, увиделся и узнался тот «весь мир». И поразительно для нас оказался «весь мир» совсем не таким, как мы надеялись: «не тем» живущий, «не туда» идущий, на болотную топь восклицающий: «Что за очаровательная лужайка!», на бетонные шейные колодки: «Какое утонченное ожерелье!», а где катятся у одних неотирные слёзы, там другие приплясывают беспечному мьюзикулу.

Как же это случилось? Отчего же зинула эта пропасть? Бесчувственны ли были мы? Бесчувственен ли мир? Или это — от разницы языков? Отчего не всякую внятную речь люди способны расслышать друг от друга? Слова отзвучивают и утекают как вода — без вкуса, без цвета, без запаха. Без следа.

По мере того, как я это понимал, менялся и менялся с годами состав, смысл и тон моей возможной речи. Моей сегодняшней речи.

И уже мало она похожа на ту, первоначально задуманную в морозные лагерные вечера.

4

Человек извечно устроен так, что его мировоззрение, когда оно не внушено гипнозом, его мотивировки и шкала оценок, его действия и намерения определяются его личным и групповым жизненным опытом. Как говорит русская пословица: «Не верь брату родному, верь своему глазу кривому». И это — самая здоровая основа для понимания окружающего и поведения в нем. И долгие века, пока наш мир был глухо загадочно раскинут, пока не пронизался он едиными линиями связи, не обратился в единый судорожно бьющийся ком, — люди безошибочно руководились своим жизненным опытом в своей ограниченной местности, в своей общине, в своем обществе, наконец и на своей национальной территории. Тогда была возможность отдельным человеческим глазам видеть и принимать некую общую шкалу оценок: чтó признаётся средним, чтó невероятным; чтó жестоким, чтó за гранью злодейства; чтó честностью, чтó обманом. И хотя очень по-разному жили разбросанные народы, и шкалы их общественных оценок могли разительно не совпадать, как не совпадали их системы мер, эти расхождения удивляли только редких путешественников, да попадали диковинками в журналы, не неся никакой опасности человечеству, еще не единому.

Но вот за последние десятилетия человечество незаметно, внезапно стало единым — обнадёжно единым и опасно единым, так что сотрясенья и воспаленья одной его части почти мгновенно передаются другим, иногда не имеющим к тому никакого иммунитета. Человечество стало единым — но не так, как прежде бывали устойчиво едиными община или даже нация: не через постепенный жизненный опыт, не через собственный ГЛАЗ, добродушно названный кривым, даже не через родной понятный язык, — а, поверх всех барьеров, через международное радио и печать. На нас валит накат событий, полмира в одну минуту узнаёт об их выплеске, но мерок — измерять те события и оценивать по законам неизвестных нам частей мира, не доносят и не могут донести по эфиру и в газетных листах: эти мерки слишком долго и особенно устаивались и усваивались в особной жизни отдельных стран и обществ, они не переносимы налету. В разных краях к событиям прикладывают собственную, выстраданную шкалу оценок — и неуступчиво, самоуверенно судят только по своей шкале, а не по какой чужой.

И таких разных шкал в мире если не множество, то во всяком случае несколько: шкала для ближних событий и шкала для дальних; шкала старых обществ и шкала молодых; шкала благополучных и неблагополучных. Деления шкал кричаще не совпадают, пестрят, режут нам глаза, и чтоб не было нам больно, мы отмахиваемся ото всех чужих шкал как от безумия, от заблуждения, — и весь мир уверенно судим по своей домашней шкале. Оттого кажется нам крупней, больней и невыносимей не то, что на самом деле крупней, больней, и невыносимей, а то, что ближе к нам. Всё же дальнее, не грозящее прямо сегодня докатиться до порога нашего дома, признаётся нами со всеми его стонами, задушенными криками, погубленными жизнями, хотя б и миллионами жертв — в общем вполне терпимым и сносных размеров.

В одной стороне под гоненьями, не уступающими древне-римским, не так давно отдали жизнь за веру в Бога сотни тысяч беззвучных христиан. В другом полушарии некий безумец (и наверно он не одинок) мчится через океан, чтоб ударом стали в первосвященника ОСВОБОДИТЬ нас от религии! По своей шкале он так рассчитал за всех за нас!

То, что по одной шкале представляется издали завидной благоденственной свободой, то по другой шкале вблизи ощущается досадным принуждением, зовущим к переворачиванию автобусов. То, что в одном краю мечталось бы как неправдоподобное благополучие, то в другом краю возмущает как дикая эксплуатация, требующая немедленной забастовки. Разные шкалы для стихийных бедствий: наводнение в двести тысяч жертв кажется мельче нашего городского случая. Разные шкалы для оскорбления личности; где унижает даже ироническая улыбка и отстраняющее движение, где и жестокие побои простительны как неудачная шутка. Разные шкалы для наказаний, для злодеяний. По одной шкале месячный арест, или ссылка в деревню, или «карцер», где кормят белыми булочками да молоком, — потрясают воображение, заливают газетные полосы гневом. А по другой шкале привычны и прощены — и тюремные сроки по двадцать пять лет, и карцеры, где на стенах лёд, но раздевают до белья, и сумасшедшие дома для здоровых, и пограничные расстрелы бесчисленных неразумных, всё почему-то куда-то бегущих людей. А особенно спокойно сердце за тот экзотический край, о котором и вовсе ничего не известно, откуда и события до нас не доходят никакие, а только поздние плоские догадки малочисленных корреспондентов.

И за это двоенье, за это остолбенелое непониманье чужого дальнего горя нельзя упрекать человеческое зрение: уж так устроен человек. Но для целого человечества, стиснутого в единый ком, такое взаимное непонимание грозит близкой и бурной гибелью. При шести, четырех, даже при двух шкалах не может быть единого мира, единого человечества: нас разорвёт эта разница ритма, разница колебаний. Мы не уживём на одной Земле, как не жилец человек с двумя сердцами.

5

Но кто же и как совместит эти шкалы? Кто создаст человечеству единую систему отсчёта — для злодеяний и благодеяний, для нетерпимого и терпимого, как они разграничиваются сегодня? Кто прояснит человечеству, что́ действительно тяжко и невыносимо, а что́ только по близости натирает нам кожу — и направит гнев к тому, что страшней, а не к тому что ближе? Кто сумел бы перенести такое понимание через рубеж собственного человеческого опыта? Кто сумел бы косному упрямому человеческому существу внушить чужие дальние горе и радость, понимание масштабов и заблуждений, никогда не пережитых им самим? Бессильны тут и пропаганда, и принуждение, и научные доказательства. Но, к счастью, средство такое в мире есть! Это — искусство. Это — литература.

Доступно им такое чудо: преодолеть ущербную особенность человека учиться только на собственном опыте, так что втуне ему проходит опыт других. От человека к человеку, восполняя его куцое земное время, искусство переносит целиком груз чужого долгого жизненного опыта со всеми его тяготами, красками, соками, во плоти воссоздаёт опыт, пережитый другими, — и дает усвоить как собственный.

И даже больше, гораздо больше того: и страны, и целые континенты повторяют ошибки друг друга с опозданием, бывает и на века, когда, кажется, так всё наглядно видно! а нет: то что одними народами уже пережито, обдумано и отвергнуто, вдруг обнаруживается другими как самое новейшее слово. И здесь тоже: единственный заменитель не пережитого нами опыта — искусство, литература. Дана им чудесная способность: через различия языков, обычаев, общественного уклада переносить жизненный опыт от целой нации к целой нации — никогда не пережитый этою второю трудный многодесятилетний национальный опыт, в счастливом случае оберегая целую нацию от избыточного, или ошибочного, или даже губительного пути, тем сокращая извилины человеческой истории.

Об этом великом благословенном свойстве искусства я настойчиво напоминаю сегодня с нобелевской трибуны.

И еще в одном бесценном направлении переносит литература неопровержимый сгущенный опыт: от поколения к поколению. Так она становится живою памятью нации. Так она теплит в себе и хранит ее утраченную историю — в виде, не поддающемся искажению и оболганию. Тем самым литература вместе с языком сберегает национальную душу.

(За последнее время модно говорить о нивелировке наций, об исчезновении народов в котле современной цивилизации. Я не согласен с тем, но обсуждение того — вопрос отдельный, здесь же уместно только сказать: исчезновение наций обеднило бы нас не меньше, чем если бы все люди уподобились, в один характер, в одно лицо. Нации — это богатство человечества, это обобщенные личности его; самая малая из них несет свои особые краски, таит в себе особую грань Божьего замысла.)

Но горе той нации, у которой литература прерывается вмешательством силы: это — не просто нарушение «свободы печати», это — замкнутие национального сердца, иссечение национальной памяти. Нация не помнит сама себя, нация лишается духовного единства — и при общем как будто языке соотечественники вдруг перестают понимать друг друга. Отживают и умирают немые поколения, не рассказавшие о себе ни сами себе, ни потомкам. Если такие мастера, как Ахматова или Замятин, на всю жизнь замурованы заживо, осуждены до гроба творить молча, не слыша отзвука своему написанному, — это не только их личная беда, но горе всей нации, но опасность для всей нации.

А в иных случаях — и для всего человечества: когда от такого молчания перестает пониматься и вся целиком ИСТОРИЯ.

6

В разное время в разных странах горячо, и сердито, и изящно спорили о том, должны ли искусство и художник жить сами для себя или вечно помнить свой долг перед обществом и служить ему, хотя и непредвзято. Для меня здесь нет спора, но я не стану снова поднимать вереницы доводов. Одним из самых блестящих выступлений на эту тему была Нобелевская же лекция Альбера Камю — и к выводам ее я с радостью присоединяюсь. Да русская литература десятилетиями имела этот крен — не заглядываться слишком сама на себя, не порхать слишком беспечно, и я не стыжусь эту традицию продолжать по мере сил. В русской литературе издавна вроднились нам представления, что писатель может многое в своем народе — и должен.

Не будем попирать ПРАВА художника выражать исключительно собственные переживания и самонаблюдения, пренебрегая всем, что делается в остальном мире. Не будем ТРЕБОВАТЬ от художника, — но укорить, но попросить, но позвать и поманить дозволено будет нам. Ведь только отчасти он развивает свое дарование сам, в большей доле оно вдунуто в него с рожденья готовым — и вместе с талантом положена ответственность на его свободную волю. Допустим, художник никому ничего НЕ ДОЛЖЕН, но больно видеть, как МОЖЕТ он, уходя в своесозданные миры или в пространства субъективных капризов, отдавать реальный мир в руки людей корыстных, а то и ничтожных, а то и безумных.

Оказался наш XX век жесточе предыдущих, и первой его половиной не кончилось всё страшное в нем. Те же старые пещерные чувства — жадность, зависть, необузданность, взаимное недоброжелательство, на ходу принимая приличные псевдонимы вроде классовой, массовой, профсоюзной борьбы рвут и разрывают наш мир. Пещерное неприятие компромиссов введено в теоретический принцип и считается добродетелью ортодоксальности. Оно требует миллионных жертв в нескончаемых гражданских войнах, оно нагуживает в душу нам, что нет общечеловеческих устойчивых понятий добра и справедливости, что все они текучи, меняются, а значит всегда дóлжно поступать так, как выгодно твоей партии. Любая профессиональная группа, как только находит удобный момент ВЫРВАТЬ КУСОК, хотя б и не заработанный, хотя б и избыточный — тут же вырывает его, а там хоть всё общество развались. Амплитуда швыряний западного общества, как видится со стороны, приближается к тому пределу, за которым система становится метастабильной и должна развалиться. Всё меньше стесняясь рамками многовековой законности, нагло и победно шагает по всему миру насилие, не заботясь, что его бесплодность уже много раз проявлена и доказана в истории. Торжествует даже не просто грубая сила, но ее трубное оправдание: заливает мир наглая уверенность, что сила может всё, а правота — ничего. БЕСЫ Достоевского — казалось, провинциальная кошмарная фантазия прошлого века, на наших глазах расползаются по всему миру, в такие страны, где и вообразить их не могли — и вот угонами самолётов, захватами ЗАЛОЖНИКОВ, взрывами и пожарами последних лет сигналят о своей решимости сотрясти и уничтожить цивилизацию! И это вполне может удаться им. Молодежь — в том возра-

гося оскаленного варварства не нашел ничего другого противопоставить ему, как уступки и улыбки. Дух Мюнхена есть болезнь воли благополучных людей, он есть повседневное состояние тех, кто отдался жажде благоденствия во что бы то ни стало, материальному благосостоянию как главной цели земного бытия. Такие люди — а множество их в сегодняшнем мире — избирают пассивность и отступления, лишь дальше потянулась бы привычная жизнь, лишь не сегодня бы перешагнуть в суровость, а завтра, глядишь, обойдется... (Но никогда не обойдется! — расплата за трусость будет только злей. Мужество и одоление приходят к нам, лишь когда мы решаемся на жертвы.)

А еще нам грозит гибелью, что физически сжатому стесненному миру не дают слиться духовно, не дают молекулам знания и сочувствия перескакивать из одной половины в другую. Это лютая опасность: ПРЕСЕЧЕНИЕ ИНФОРМАЦИИ между частями планеты. Современная наука знает, что пресечение информации есть путь энтропии, всеобщего разрушения. Пресечение информации делает призрачными международные подписи и договоры: внутри ОГЛУШЕННОЙ зоны любой договор ничего не стоит перетолковать а еще проще — забыть, он как бы и не существовал никогда (это Оруэлл прекрасно понял). Внутри оглушённой зоны живут как бы не жители Земли, а марсианский экспедиционный корпус, они толком ничего не знают об остальной Земле, и готовы пойти топтать ее в святой уверенности, что «освобождают».

Четверть века назад в великих надеждах человечества родилась Организация Объединенных Наций. Увы, в безнравственном мире выросла безнравственной и она. Это не Организация Объединенных Наций, но Организация Объединенных Правительств, где уравнены и свободно избранные, и насильственно навязанные, и оружием захватившие власть. Корыстным пристрастием большинства ООН ревниво заботится о свободе одних народов и в небрежении оставляет свободу других. Угодливым голосованием она отвергла рассмотрение ЧАСТНЫХ ЖАЛОБ — стонов, криков и умолений единичных маленьких ПРОСТО ЛЮДЕЙ — слишком мелких букашек для такой великой организации. Свой лучший за 25 лет документ — Декларацию Прав чело-

века, ООН не посилилась сделать ОБЯЗА-
ТЕЛЬНЫМ для правительств, УСЛОВИЕМ их
членства — и так предала маленьких людей
воле неизбранных ими правительств.

Казалось бы: облик современного мира
весь в руках ученых, все технические шаги
человечества решаются ими. Казалось бы:
именно от всемирного содружества ученых, а
не от политиков, должно зависеть, куда миру
идти. Тем более, что пример единиц показы-
вает, как много могли бы они сдвинуть все
вместе. Но нет, ученые не явили яркой по-
пытки стать важной самостоятельно действую-
щей силой человечества. Целыми конгрессами
отшатываются они от чужих страданий: уют-
ней остаться в границах науки. Всё тот же дух
Мюнхена развесил над ними свои расслабляю-
щие крыла.

Каковы ж в этом жестоком, динамичном,
взрывном мире, на черте его десяти гибелей
— место и роль писателя? Уж мы и вовсе не
шлем ракет, не катим даже последней под-
собной тележки, мы и вовсе в презреньи у
тех, кто уважает одну материальную мощь.
Не естественно ли нам тоже отступить, разу-
вериться в неколебимости добра, в недроби-

мости правды и лишь поведывать миру свои горькие сторонние наблюдения, как безнадежно исковеркано человечество, как измельчали люди и как трудно средь них одиноким тонким красивым душам?

Но и этого бегства — нет у нас. Однажды взявшись за СЛОВО, уже потом никогда не уклониться: писатель — не посторонний судья своим соотечественникам и современникам, он — совиновник во всем зле, совершенном у него на родине или его народом. И если танки его отечества залили кровью асфальт чужой столицы — то бурые пятна навек зашлепали лицо писателя. И если в роковую ночь удушили спящего доверчивого Друга — то на ладонях писателя синяки от той веревки. И если юные его сограждане развязно декларируют превосходство разврата над скромным трудом, отдаются наркотикам или хватают ЗАЛОЖНИКОВ — то перемешивается это зловоние с дыханием писателя.

Найдем ли мы дерзость заявить, что не ответчики мы за язвы сегодняшнего мира?

7

Однако, ободряет меня живое ощущение МИРОВОЙ ЛИТЕРАТУРЫ как единого большого сердца, колотящегося о заботах и бедах нашего мира, хотя по-своему представленных и видимых во всяком его углу.

Помимо исконных национальных литератур, существовало и в прежние века понятие мировой литературы — как огибающей по вершинам национальных и как совокупности литературных взаимовлияний. Но случалась задержка во времени: читатели и писатели узнавали писателей иноязычных с опозданием, иногда вековым, так что и взаимные влияния опаздывали и огибающая национальных литературных вершин проступала уже в глазах потомков, не современников.

А сегодня между писателями одной страны и писателями, и читателями другой есть взаимодействие если не мгновенное, то близкое к тому, я сам на себе испытываю это. Не напечатанные, увы, на родине, мои книги, несмотря на поспешные и часто дурные переводы, быстро нашли себе отзывчивого мирового читателя. Критическим разбором их занялись такие выдающиеся писатели Запада как Генрих Бёлль. Все эти последние годы, когда моя работа и свобода не рухнули, держались против законов тяжести как будто в воздухе, как будто НИ НА ЧЕМ — на невидимом, немом натяге сочувственной общественной плёнки, — я с благодарною теплотой, совсем неожиданно для себе узнал поддержку и мирового братства писателей. В день моего 50-летия я изумлен был, получив поздравления от известных европейских писателей. Никакое давление на меня не стало проходить незамеченным. В опасные для меня недели исключения из писательского союза СТЕНА ЗАЩИТЫ, выдвинутая видными писателями мира, предохранила меня от худших гонений, а норвежские писатели и художники на случай грозившего мне изгнания с родины гостеприимно готовили мне кров. Наконец, и само выдвижение меня на Нобелевскую премию возбуждено не в той стране, где я живу и пишу, но — Франсуа Мориаком и его коллегами. И, еще позже того, целые национальные писательские объединения выразили поддержку мне.

— к сотням друзей, которых ни разу не встретил въявь и может быть никогда не увижу.

Друзья! А попробуем пособить мы, если мы чего-нибудь стоим! В своих странах, раздираемых разноголосицей партий, движений, каст и групп, кто же искони был силою не разъединяющей, но объединяющей? Таково по самой сути положение писателей: выразителей национального языка — главной скрепы нации, и самой земли, занимаемой народом, а в счастливых случаях и национальной души.

Я думаю, что мировой литературе под силу в эти тревожные часы человечества помочь ему верно узнать самого себя вопреки тому, что внушается пристрастными людьми и партиями; перенести сгущенный опыт одних краев в другие, так чтобы перестало у нас двоиться и рябить в глазах, совместились бы деления шкал, и одни народы узнали бы верно и сжато истинную историю других с тою силой узнавания и болевого ощущения, как будто пережили ее сами, — и тем обережены бы были от запоздалых ошибок. А сами мы при этом быть может сумеем развить в себе и МИРОВОЕ ЗРЕНИЕ: центром глаза, как и каждый человек, видя близкое, краями глаза начнем вбирать и то, что делается в остальном мире. И соотнесем, и соблюдем мировые пропорции.

И кому же, как не писателям, высказать порицание не только своим неудачным правителям (в иных государствах это самый легкий хлеб, этим занят всякий кому не лень), но — и своему обществу, в его ли трусливом унижении или в самодовольной слабости, но — и легковесным броскам молодежи, и юным пиратам с замахнутыми ножами?

Скажут нам: что́ ж может литература против безжалостного натиска открытого насилия? А: не забудем, что насилие не живет одно и не способно жить одно: оно непременно сплетено с ЛОЖЬЮ. Между ними самая родственная, самая природная глубокая связь: насилию нечем прикрыться, кроме лжи, а лжи нечем удержаться, кроме как насилием. Всякий, кто однажды провозгласил насилие своим МЕТОДОМ, неумолимо должен избрать ложь своим ПРИНЦИПОМ. Рождаясь, насилие действует открыто и даже гордится собой. Но едва оно укрепится, утвердится, — оно ощущает разрежение воздуха вокруг себя и не может существовать дальше иначе, как

затуманиваясь в ложь, прикрываясь ее сладко-
коречием. Оно уже не всегда, не обязательно
прямо душит глотку, чаще оно требует от
подданных только присяги лжи, только со-
участия во лжи.

И простой шаг простого мужественного
человека: не участвовать во лжи, не поддер-
живать ложных действий! Пусть э т о при-
ходит в мир и даже царит в мире — но не
через меня. Писателям же и художникам доступно бо́льшее: ПОБЕДИТЬ ЛОЖЬ! Уж в
борьбе-то с ложью искусство всегда побежда-
ло, всегда побеждает! — зримо, неопровер-
жимо для всех! Против многого в мире может
выстоять ложь — но только не против искусства.

А едва развеяна будет ложь — отврати-
тельно откроется нагота насилия — и насилие
дряхлое падет.

Вот почему я думаю, друзья, что мы способны помочь миру в его раскаленный час.
Не отнекиваться безоружностью, не отдавать-
ся беспечной жизни, — но выйти на бой!

В русском языке излюблены пословицы
о ПРАВДЕ. Они настойчиво выражают нема-

лый тяжелый народный опыт и иногда поразительно:

ОДНО СЛОВО ПРАВДЫ ВЕСЬ МИР ПЕРЕТЯНЕТ.

Вот на таком мнимо-фантастическом на-
рушении закона сохранения масс энергий осно-
вана и моя собственная деятельность, и мой
призыв к писателям всего мира.

ALEXANDER SOLZHENITSYN was awarded the Nobel Prize for Literature in 1970. His most recent book is *August 1914*, the first part of a series of novels on which he is working, and of which *October 1916* is to be the next part. His other books include *One Day in the Life of Ivan Denisovich*, *The First Circle*, *Cancer Ward*, and *Stories and Prose Poems*.

F. D. REEVE is a poet, novelist, and critic whose most recent book is *The Blue Cat and Other Poems*. His intimate knowledge of Russian was employed by the poet Robert Frost, who invited Mr. Reeve to accompany him as interpreter on his famous visit to the Kremlin.

PG
3488
.O4N6
1972

1973

Stanford University Libraries

3 6305 002 572 712

LIBRARY

UNIVERSITY LIBRARY

J. Henry Meyer Memorial Library
Stanford University

WITHDRAWN

Return this book on or before date due.

JUL 25 1973 JAN 11 1978   JUN 14 1984
                                      pc
FEB   1974   pc
MAY 8 1974 DEC 4 1975 JUL 14 1984
            FEB - 2 1978 JUN - 1 1990
                                     JUL 4 197
    JUL -7 1990
MAY 21 1977
        NOV 20 1978 APR 10 1984 -pc
                      MAY 11 1984 -pc
DEC 8 1979
MAR 05 1984 -pc MAR 12 NOV 25 1987
                        AUG 10 1990
AUG 20 1984 -pc
DEC 31 1984 DEC 31 1984 JUN 24 1987
    PRINTED IN U.S.A.   MAY 16 1990